はじめに

子どものツボってへんなところにあります。
大人とは何か違う。
そこで笑うの？
そこが好きなの？ってビックリします。
そんな子どもだけのツボを探しながら歌をつくりました。
「こんなところにあったのか～」と遊びながら子どもたちと笑っていただけたら幸せです。

鈴木 翼

私と翼くん、それぞれの子育ての中から生まれたオリジナルのあそびうたや、替え歌です。テンポや雰囲気は、子どもたちに合わせて自由にアレンジしてみてください。楽しく、ゆるく、ユニークに遊んでもらえたらうれしいです。

大友 剛

本書の特長

＼現場ウケ実証済みの／

1. 手あそびたっぷり57曲！

みんなが知ってる
歌もいっぱい！

鈴木翼と大友剛のオリジナルのあそびうたはもちろん、みんなが知ってるわらべうたや、クラシック曲の替え歌も多数掲載！ すぐにメロディーが浮かんで、楽しく遊べます。

2. ピアノ伴奏は左手も充実！

右手は歌詞に合わせた弾きやすいメロディー。左手もつけると、簡単なのにゴージャスに！？
もちろん鼻歌でもOK！

3. アレンジもたくさんあります！

楽しく遊べる手あそびがもーっと遊べるアレンジもたっぷり。3・4・5歳児とも盛り上がれるアレンジでたくさん遊びましょう！

CONTENTS

プロローグ

第一章 あそびうた

第二章
定番の歌であそぼう！……… 48
～クラシック・世界の民謡・童謡から～

第三章
オリジナルあそびうた ……… 78

プロローグ

作詞・作曲／不詳

はじまるよはじまるよ

最初はやっぱりこの歌からスタート！

1番

①はじまるよ はじまるよ はじまるよったら はじまるよ

左右で3回ずつ手をたたく。2回繰り返す。

②いちといちで

ひとさし指を片方ずつ出す。

③にんじゃだよ

忍者が変身するポーズをする。

④「ドローン」

横に振る。

2番

①はじまるよ はじまるよ はじまるよったら はじまるよ

1番の①と同じ。

②にとにで

2本の指を立て、片方ずつ出す。

③かにさんだよ

カニのはさみの形で、左右に振る。

④「チョキーン」

切るしぐさをする。

3番

①はじまるよ はじまるよ はじまるよったら はじまるよ

1番の①と同じ。

②さんとさんで

3本の指を立て、片方ずつ出す。

③ねこのひげ

ほおでネコのひげをつくる。

④「ニャオーン」

まねきねこの手をする。

4番

①はじまるよ はじまるよ はじまるよったら はじまるよ

1番の①と同じ。

②よんとよんで

4本の指を立て、片方ずつ出す。

③たこのあし

体の前でゆらゆらと手を揺らす。

④「ヒューン」

横に飛んでいくように振る。

5番

①はじまるよ はじまるよ はじまるよったら はじまるよ

1番の①と同じ。

②ごとごで

5本の指を立て、片方ずつ出す。

③てはあたま

両手を頭に乗せる。

次のページは『はじまるよはじまるよ』のアレンジを紹介するよ！

プロローグ

作詞／鈴木 翼

『はじまるよはじまるよ』アレンジ

いつもの手あそびをちょっとアレンジ！　楽しく遊びにつなげましょう。

ふれあって遊ぼう！

①いちといちで つんつんつん

ひとさし指で互いにつんつん。

②にとにで とことことん

2本指でとことこ歩く。

③さんとさんで ぞーわぞわ

親指、ひとさし指、中指で
ひざをくらげのようにぞわぞわ。

④よんとよんで なーでなで

４本指で頭から下へなでる。

⑤ごとごで いないいないばあ

いないいないばあ。

音を鳴らして遊ぼう！

①いちといちで ドラムをどんどん

ひとさし指でドラムを
たたくまねをする。

②にとにで ギターをじゃんじゃん

左手でギターを持ち、
右手で弦をかき鳴らす。

③さんとさんで ラッパをぱっぱっぱー

3本指でラッパを吹いているまねをする。

④よんとよんで ピアノをポロンポロン

４本指でピアノを弾く。

⑤ごとごで ロックだぜ！イエー！

手拍子して、「イエー！」で
手を突き上げる。

**さあ、準備はOK?
たくさんのあそびうたで遊びましょう！**

第一章

あそびうた

元々のわらべうたあそびと、
その曲を使った新しいあそ
びうたを紹介。ひとつの曲
から遊びが広がります。

この章では…

あそびうた

わらべうた

あがり目さがり目

顔を動かして遊びます。表情の変化を楽しみましょう。

①あがりめ

目じりをひとさし指で上に引き上げる。

②さがりめ

目じりをひとさし指で引き下げる。

③ぐるりとまわって

目じりを押さえてぐるりと回す。

④ねこのめ

目じりを上に引き上げる。

ちょこっとアレンジ ④を変えて遊ぼう

「どっちでしょう？」

何人かの子どもと遊びます。「どっちでしょう？」で「あがりめのキツネ」と「さがりめのタヌキ」に分かれます。多かったほうが勝ちになります。

「サルのみみ」「キリンのくび」

最後を「サルのみみ」にして、耳を引っ張ったり、「キリンのくび」で首を両手で持ち上げたりして楽しみます。

次のページは
『あがり目さがり目』を使った歌あそび
を紹介するよ！

あそびうた

『あがり目さがり目』のメロディーで

わらべうた
改詞／鈴木 翼　編曲／大友 剛

UFOがとんできた

UFOが子どもの体に着陸！　「くるぞくるぞ…」のドキドキ感が楽しい遊びです

①ユーフォーが～　わからない

子どもを寝かせて、手をUFOに見立てて、ふわふわ体の上を動かす。

②うー…　うにゃ！

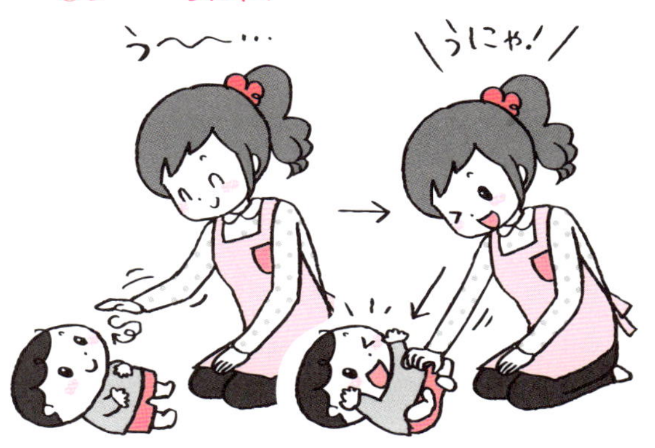

「うー…」と言いながら手を動かし、ころあいを見て「うにゃ！」と指を立ててつかむようにして体のどこかに着陸すると、子どもは大喜び！

★3・4・5歳児なら…

異年齢遊びにも！

年長さんが年少さんにやってあげたり、子ども同士で交互に遊んだりしても盛り上がります。保育者の「うにゃ！」にタイミングを合わせるようにすると、みんなでいっせいに遊ぶことができます。

翼くんのあそびPOINT

どこに止まるかわからない、ドキドキ感が子どもは好きです。歌の途中でいきなり「うにゃ！」と着地してもおもしろいと思います。朝にふれあいを通してほっとする時間をつくれるといいですね。

ピアニカ王子のMUSIC POINT

1、2小節目の休符と「うー…」で、ためをたっぷり取るとドキドキが増して、より楽しめます。

あそびうた

わらべうた
改詞／鈴木 翼　編曲／大友 剛

『あがり目さがり目』のメロディーで

かくれて でてきて

ハンカチを使って、顔が隠れたり出てきたりする遊びです。
表情の変化を楽しみながら遊んでみてください。

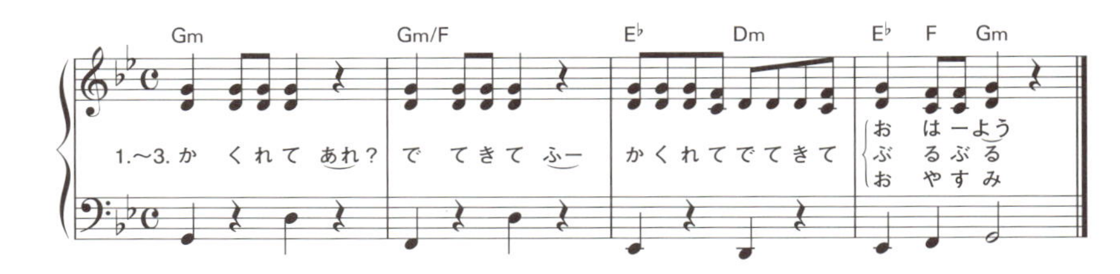

あそびかた

①かくれて　あれ？

顔が隠れる大きさのハンドタオルを持ち、だんだん上げていき、「あれ？」で顔を隠す。

②でてきて　ふー

だんだん下げて顔を出し、ふーっと息をかける。

③かくれてでてきて

上げ下げする。

④おはよう

みんなでごあいさつ。

顔を左右に振ってぶるぶるさせる。

寝るまねをする。

翼くんのあそびPOINT

0～1歳児なら、保育者がタオルを持って「いないいないばあ」のように子どもにやって見せます。2歳児なら、子どももタオルを持っていっしょにやっても楽しいです。集まったときや絵本を読む前などに遊んでもいいですね。

ピアニカ王子のMUSIC POINT

0～1歳児と楽しむときは、リズムを一定にして、やさしい安定感をつくってあげましょう。

作詞／不詳　作曲／玉山 英光

あそびうた

とんとんとんとん　ひげじいさん

リズムよく手を合わせ、顔のいろいろなところに当てて見たてます。

①とんとん とんとん

両手をグーにして
上下に交互にたたく。

②ひげ

右手をあごに。

③じいさん

左手もつける。

④とんとん とんとん

①と同じ。

⑤こぶ

右手を右ほおに。

⑥じいさん

左手を左ほおに。

⑦とんとん とんとん

①と同じ。

⑧てんぐ

右手を鼻に。

⑨さん

左手もつける。

⑩とんとん とんとん

①と同じ。

⑪めがね

右手でめがね。

⑫さん

左手もめがね。

⑬とんとん とんとん

①と同じ。

⑭てをうえに

両手を上に。

⑮きらっきらっ きらっきらっ

手を振りながらおろす。

⑯てはおひざ

手をひざに置く。

次のページは
『とんとんとんとん　ひげじいさん』を
使った歌あそびを紹介するよ！

あそびうた

作詞／不詳　作曲／玉山 英光　作詞／鈴木 翼　編曲／大友 剛

『とんとんとんとん ひげじいさん』のメロディーで

おいしいスープができました

運動会にも使える親子あそびです。
おなじみのメロディーなので、初めての保護者でもすぐに遊べますよ。

①おなべでことこと にこみましょう

子どもをひざに乗せて
左右に揺れる。

②ぐるぐるぐるぐる まぜましょう

肩を持って
ぐるぐる回す。

③おしおをぱっぱと
ふりまして

子どもの手を持って
ぱっぱっと振る。

④おしょうゆさっと
いれまして

背中を
さーっとなでる。

⑤どれどれできたか
あじみして

おなかを
つんつんとタッチ。

⑥おいしいスープが
できました

前後に揺れる。

（いただきまーす！）

むしゃむしゃ
食べるまね。

翼くんの
あそび
POINT

親子でふれあう運動会の競技があったらいいなと思って今回の替え歌になりました。おいしそうな子どもたちをぱくぱく食べて、あったかい気持ちになる運動会になることを願っています。

ピアニカ王子の
MUSIC
POINT

大勢で楽しむときは、動作ごとにピアノを止めて、「できてるかな～？」と見守るように進めていきましょう。

あそびうた

作詞／不詳　作曲／玉山 英光　作詞／鈴木 翼　編曲／大友 剛

『とんとんとんとん ひげじいさん』のメロディーで

とんとんとんとんまわりーさん

すぐに歌えて楽しめる、おなじみのメロディーがやっぱり安心！

あそびかた

①とんとんとんとん
まわりーさん

手をとんとんして、回す。

②とんとんとんとん
はやりーさん

手をとんとん
→速く回す。

③とんとんとんとん
おそりーさん

手をとんとん
→ゆっくり回す。

④とんとんとんとん はやりーさん

手をとんとん
→さらに速く回す。

⑤とんとんとんとん あらうえに

手をとんとん
→回しながら手を
上にあげる。

⑥ぐるぐるぐるぐる あたまにピッ(ズルッ!)

回しながら手を下げて、手を頭にピッとくっつける。
その後、ズルッ!とすべらせる。
※ほかにも「お鼻にピッ」「ほっぺにピッ」「おなかにピッ」にしても楽しい。

★3・4・5歳児なら…

ひっかけ遊びにしても

上にいくと見せかけて下にしたり、いきなり反対回しにしたりと、ひっかけ遊びにしても楽しい!

翼くんの あそび POINT

ひげじいさんの手あそびに慣れてきたら、替え歌で遊んでみましょう。速くなったり遅くなったり、上に行ったり下に行ったりといろいろな遊び方ができると思います。最後はどこに「ピッ」とくっつくか、子どもたちに聞いてみてもいいかもしれませんね。

ピアニカ王子の MUSIC POINT

伴奏のスピードを自在に操れるように練習しましょう!

あそびうた

いとまき

作詞／不詳　外国曲

みんな知っているおなじみの手あそび。繰り返しを楽しみましょう。

①いとまきまき　いとまきまき

かいぐりをする。

②ひいてひいて

横にこぶしを引っ張る。

③トントントン

腕の前で、こぶしを3回交互に合わせる。

④いとまきまき　いとまきまき

①と同じ。

⑤ひいてひいて

②と同じ。

⑥トントントン

③と同じ。

⑦できたできた

手拍子を7回する。

⑧こびとさんのおくつ

腕を上から下へ、
キラキラさせながらおろす。

次のページは
『いとまき』を使った歌あそびを
紹介するよ！

あそびうた

『いとまき』のメロディーで

つかまえた

外国曲
作詞／鈴木 翼　編曲／大友 剛

子どもとのやりとりから生まれたふれあい遊び。
思い切りこちょこちょしてスキンシップ！

あそびかた

1番 ①おててをとんとん～

手と手を合わせてトントンする。

②つかまえた

手を両手でぎゅっと捕まえる。

2番 ①おなかをこちょこちょ

片手を捕まえておなかをこちょこちょする。

②わきをこちょこちょ

わきをこちょこちょする。

③いろんなところを　こちょこちょこちょ

こちょこちょする。

寝転んで遊ぶ

月齢の低い子どもと遊ぶときは、「あしをとんとん」「うらをこちょこちょ」に歌詞を変えて遊びましょう。

翼くんのあそびPOINT

降園のとき、いつも子どもとタッチしてさようならをしていました。でも、それだけではつまらないので、タッチをしたらすぐに捕まえに行って体をくすぐって遊んでいました。今回の「捕まえてからこちょこちょする」遊びは、そんな子どもとのやりとりからできたものです。

ピアニカ王子のMUSIC POINT

子どもの気分にあったテンポを考えてあげましょう。0～1歳児はゆったりとしたテンポで！

あそびうた

作詞／不詳　イギリス民謡

おおきなくりのきのしたで

体を大きく使って、大きなクリの木を表現しましょう。

あそびかた

①おおきなくりの

両手で頭の上に円を作る。

②きの

両手を頭に当てる。

③した

両手を両肩に当てる。

④で

両手を下におろす。

⑤あなたと

右手のひとさし指を出し、
相手をさす。

⑥わたし

右手のひとさし指で
自分を2回さす。

⑦なか

右手を左肩に当てる。

⑧よく

左手を右肩に当て、
腕を交差させる。

⑨あそびましょう

体を左右に揺らす。

⑩おおきなくりの

①と同じ。

⑪きの

②と同じ。

⑫した

③と同じ。

⑬で

④と同じ。

次のページは
『おおきなくりのきのしたで』を使った
歌あそびを紹介するよ！

あそびうた

イギリス民謡
改詞／鈴木 翼　編曲／大友 剛

『おおきなくりのきのしたで』のメロディーで

おいしくなるまでもうちょっと

子どもをおいしそうな料理にして、むしゃむしゃーっと食べちゃいます。
こちょこちょされるまでのドキドキ感が楽しい！

①おいしくなるまで もうちょっと

子どもをだっこして
いっしょに左右に揺れる。

②バターをぬって

おなかをなでる。

③オーブンにいれて

寝かせる。

④こげめがついたら いただきます

両手で転がすように
おなかをなでる。

⑤（むしゃむしゃむしゃ）

おなかをくすぐる。

翼くんのあそびPOINT

料理をするようにじっくりと、子どもとたくさんふれあって遊んでください。子育て支援センターなどでも遊んでみてもらえるとうれしいです。

ピアニカ王子のMUSIC POINT

「むしゃむしゃむしゃ」のところは、グリッサンドで楽しんでください。

あそびうた

むすんでひらいて

作詞／不詳　作曲／JJ.ルソー

いつでもすぐに楽しめるカンタン手あそび。慣れてきたら、テンポを速くしても楽しめるでしょう。

あそびかた

①むすんで

両手を握り、
上下に軽く4回振る。

②ひらいて

手を開いて、
上下に軽く4回振る。

③てをうって

拍手を4回する。

④むすんで

手を握って、3回上下に振る。

⑤またひらいて

②と同じ。

⑥てをうって

③と同じ。

⑦そのてを

③と同じ。

⑧うえに

両手を開いて、上にあげる。

⑨むすんで

①と同じ。

⑩ひらいて

②と同じ。

⑪てをうって

③と同じ。

⑫むすんで

④と同じ。

**次のページは
『むすんでひらいて』を使った
歌あそびを紹介するよ！**

あそびうた

「むすんでひらいて」のメロディーで

ちがいます

作詞／不詳　作曲／J.J.ルソー
改詞／鈴木 翼　編曲／大友 剛

「さわっているところがちがーう！」
ツッコミどころ満載のおもしろい手あそびです。

あそびかた

1番 ①おみみを　さわっています

耳を触る。

②はいはい　それはしってます

手を腰に置いてうなずく。

③おなかをさわっています
はいはい　それはしってます
おしりをさわっています
はいはい　それはしってます

それぞれ部位を触ってうなずく、
を繰り返す。

2番

①あたまをさわっています

おしりを触る。

②いいえ　そこはおしりです

「ちがーう」とつっこむ感じで片手を左右に振る。

③おみみを
さわっています

鼻を触る。

④いいえ
そこはおはなです

片手を左右に振る。

⑤おくちを
さわっています

足の裏を触る。

⑥いいえ
そこはあしのうら

片手を左右に振る。

★3・4・5歳児なら…

リーダーを決めて

リーダーが歌詞と違う部位を触って遊ぶと盛り上がります。慣れると大人よりうまくなりますよ。

翼くんのあそびPOINT

まずは歌詞どおりに触って遊びます。２番はわざと違うところを触るので、子どもたちは「ちがーう！」と笑いながらつっこんでくれます。小さい子の場合は、まず触るところからやってみましょう。

ピアニカ王子のMUSIC POINT

2番の伴奏は「さわっています〜〜」と伸ばして、子どもたちからのツッコミを楽しみましょう。

あそびうた

作詞／志摩 桂　アメリカ民謡

山ごやいっけん

お話を進めながら手あそびをしていきます。最後はほっと一安心ですね。

あそびかた

①やまごやいっけん ありました

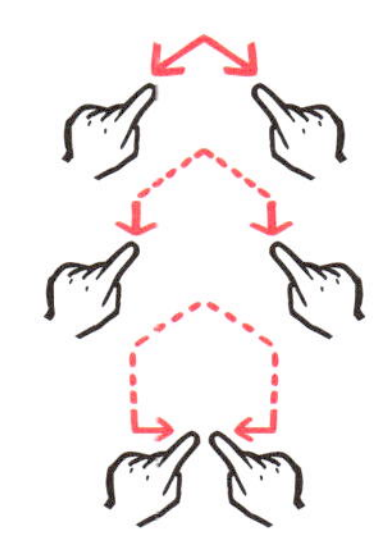

両手のひとさし指で
山小屋の形を描く。

②まどからみている おじいさん

両手の親指とひとさし指で
輪を作り目に当てて
顔を左右に動かす。

③かわいいうさぎが

右手のひとさし指と
中指を立てる。

④ぴょんぴょんぴょん

右手のひとさし指と中指を
3回曲げたり伸ばしたりする。

⑤こちらへにげてきた

④の動作で右から
左へ移動させる。

**⑥たすけて！たすけて！
おじいさん**

両手を上げて
バンザイをする。

**⑦りょうしのてっぽう
こわいんです**

左手を右手に添えて、親指をたて
ひとさし指を鉄砲に見たて
撃つまねを4回する。

**⑧さあさあはやく
おはいんなさい**

両手で手まねきを4回する。

⑨もうだいじょうぶだよ

右手のひとさし指と中指を立て
ウサギの耳の形を作り、
左手でやさしくなでる。

次のページは
『山ごやいっけん』を使った歌あそびを
紹介するよ！

あそびうた

アメリカ民謡
改詞／鈴木 翼　編曲／大友 剛

「山ごやいっけん」のメロディーで

いまわたしもりあがってます

いま何が好きなのか、子どもたちといっしょに考えながら盛り上がっていきましょう！

1番 ①いま　わたし もりあがってます〜

「いま　わたし」で胸の辺りを右手で指さし、「もりあがってます」で手を突き上げる。

②えほんをよんで もりあがってます

絵本を広げる動きをして、右手を突き上げる。

③こんどはなんでしょう？

腕組みをして左右に揺れる。

2番 おすしをたべて
もりあがってます

おすしを食べる動きをして、
右手を突き上げる。

3番 ジャンプをしてて
もりあがってます

その場でジャンプをして、
右手を突き上げる。

あそびうた

★3・4・5歳児なら…

好きな動きで

「♪ままごとをして～」「鬼ごっこして～」など、好きな動きを歌います。最後の部分は「♪こんどはあなたです」と歌い、次に歌う子を指名します。円になって、順番に指名していってもいいでしょう。

翼くんの
あそび
POINT

2歳の娘がおもちゃの電話で「はーいもしもし、いまもりあがってまーす」とだれかに報告をしていました。「何の報告だよ」とツッコミたくなりましたが、それをもとに歌にしてみました。

ピアニカ王子の
MUSIC
POINT

左手の四分音符をずっしり弾いてみたり、スタッカートぎみに軽やかに弾いてみたり、気分で変えてみるとおもしろいでしょう。

あそびうた

わらべうた

おせんべやけたかな

子どもの手をおせんべに、保育者の手を網に見たてます。
リズムよく左右の手を触って遊びましょう。

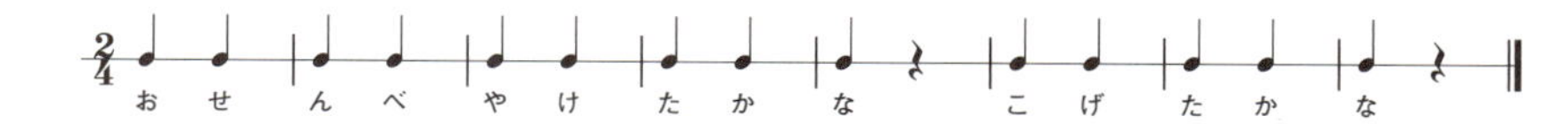

あそびかた

①おせんべ　やけたかな

子どもの手の甲を、リズムに合わせて
左右交互にひとさし指で触っていきます。

②こげたかな

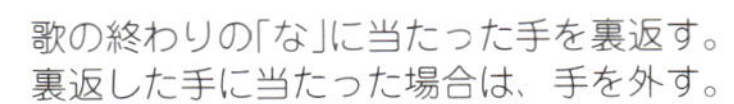
歌の終わりの「な」に当たった手を裏返す。
裏返した手に当たった場合は、手を外す。

何人かの子どもと

5人くらいの子どもたちがうつぶせに寝転がります。リズムに合わせてひとりずつ触っていき「な」で触った子をひっくり返し、くすぐりながら食べるまねをします。

次のページは
『おせんべやけたかな』を使った歌あそびを紹介するよ！

あそびうた

『おせんべやけたかな』のメロディーで

わらべうた
改詞／鈴木 翼　編曲／大友 剛

どうぶつおきたかな？

寝ている動物たちが目覚めたら…
子どもたちとユニークな鳴き声で楽しみましょう。

1番　①うさぎがおきたか

子どもたちを順番になでる。

②な　ピョン

「な」でなでられた子どもが手をウサギの耳に見たてて「ピョン」と言う。

2番

「がお」と言う。

3番

「パオーン」と言う。

★3・4・5歳児なら…

体を使って

保育者は子どもたちの頭を順番に指さしていきます。「な」の子どもは体を使ってウサギやライオンになって楽しみましょう。

翼くんのあそびPOINT

わらべうた『おせんべやけたかな』の遊びを覚えたらちょっとアレンジ！
どんな動物がいいか、子どもたちに聞いてもおもしろいと思います。

ピアニカ王子のMUSIC POINT

ゆったり歌うように弾きましょう。
慣れてきたらテンポをあげても楽しめます！

あそびうた

わらべうた

おちゃをのみにきてください

みんなで仲よく、やり取りも楽しい遊びです。

準備

鬼をひとり決め、鬼以外の子どもは鬼を中に手をつないで円になります。

①おちゃをのみにきてください

円になった子どもは時計回りに歩き、鬼は逆方向に回ります。

②はいこんにちは

「はいこんにちは」で止まり
鬼と、そのとき鬼の前にいる子どもが
あいさつをします。

③いろいろおせわになりました

続けて両手をつないで反時計回りに
半回転し、鬼を交代します。

④はいさようなら

もう一度あいさつをし、繰り返し遊びを続けます。

次のページは
『おちゃをのみにきてください』を使った歌あそびを紹介するよ！

あそびうた

『おちゃをのみにきてください』のメロディーで

わらべうた
改詞／鈴木 翼　編曲／大友 剛

○○ちゃん、おはよう！

おなじみのわらべうたも、歌詞をちょっと変えるだけで楽しいあそびに大変身！
みんなと仲よくなれるあいさつあそびです。

1番　①○○ちゃん　●●くん
おはよう

保育者が名前を呼んで、ごあいさつ。

②はい　おはよう

保護者と子どもがいっしょにごあいさつ。

③△△くん　□□ちゃん
おはよう

違う子どもに。

④はい　おはよう

保護者と子どもがいっしょにごあいさつ。

※間奏を入れて次の子どもを呼ぶと、落ち着いた雰囲気で進められますよ。

体を使って

「○○ちゃん　●●くん」のところを「ゾウさん」「ウサギさん」などに変えて歌い、「ぱおーん」や「ぴょんぴょん」などその動物に変身してあいさつします。

翼くんのあそびPOINT

○朝の出欠確認でも、ひとりひとりの名前を歌いながら呼んでいくことで楽しい時間になります。
○あいさつの部分を「こんにちは」や「さようなら」に変えてもOK！　いろいろな場面でひとりひとりとのふれあいを大切にする時間をたくさんつくってあげたいですね。

ピアニカ王子のMUSIC POINT

子どもたちが気持ち良く歌える音域でゆったり優しく歌いましょう。歌詞に合わせておじぎも忘れずに！

第二章

定番の歌であそぼう！

～クラシック・世界の民謡・童謡から～

みんな知ってるあの名曲をあそびうたにアレンジ。ピアノを感情たっぷり込めて弾きながら遊ぶと、さらに臨場感がアップします。

この章では…

定番の歌であそぼう！
クラシック

作曲／ベートーベン
作詞／鈴木 翼　編曲／大友 剛

『運命』のメロディーで

運命の家族

『運命』の重厚感のあるメロディーに乗せて指を動かして遊びましょう！

①おとうさん

親指を立てて、リズムに合わせて「♪おとうさん」で前にぐっと出す。

②おかあさん

ひとさし指を前に出す。

③おとうさん　おかあさん　おにいさん

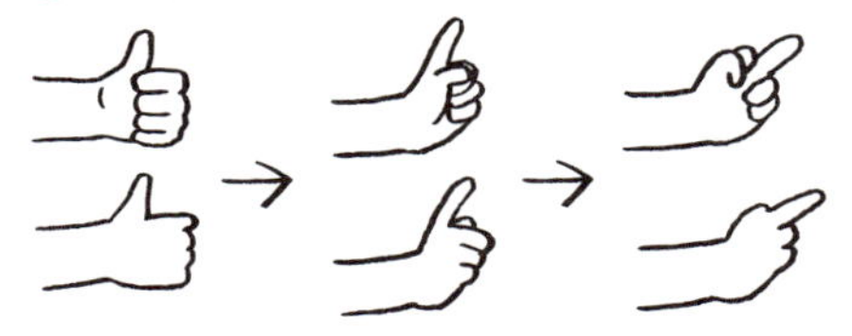

親指、ひとさし指、中指の順に。

④おとうさん　おかあさん　おねえさん

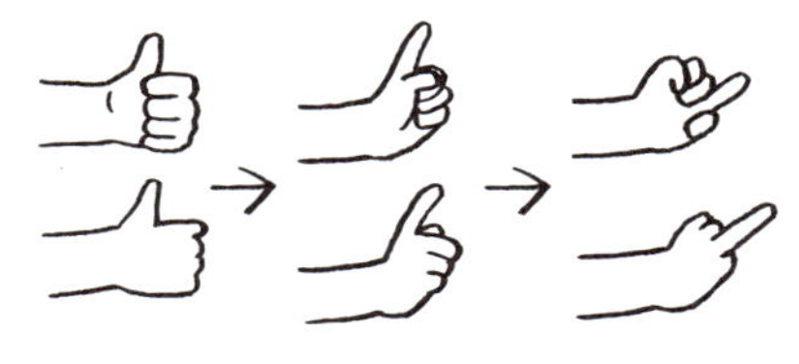

親指、ひとさし指、薬指の順に。

⑤おとうさん　おかあさん　おねえさん　あかちゃん

親指、ひとさし指、薬指、小指の順に。

2番

①おじいちゃん
おばあちゃん～

1番と同様の指で、第一関節を曲げて前に出す。
「あかちゃん」は同じように。

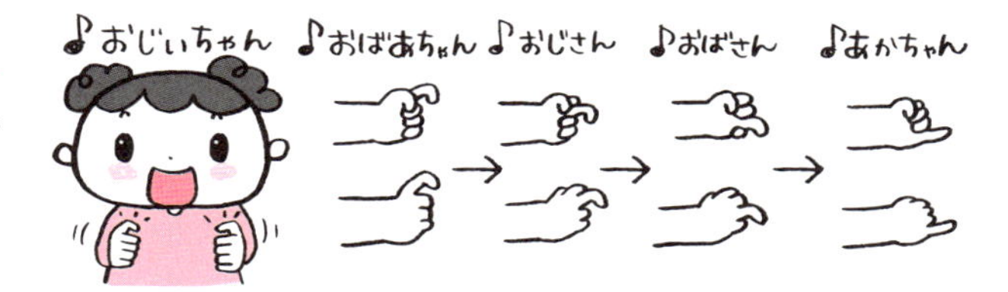

★3・4・5歳児なら…

スピードアップして

2番は指をちょっと曲げるので難しくなりますが、スピードを速めるなどして、みんなで挑戦してみましょう！

翼くんの
あそび
POINT

いろいろな指を出して遊びます。『運命』を感じながら遊びましょう。小さい子は薬指を出すのが難しいので出しやすい指に変えてもいいかもしれません。

ピアニカ王子の
MUSIC
POINT

ベートーベンの名曲『運命』です。少し大げさに強弱をつけてみると楽しいでしょう。

『歓喜の歌』のメロディーで

作曲／ベートーベン
作詞／鈴木 翼　編曲／大友 剛

おおきなあなから

壮大におおげさに、みんなでベートーベンの第九を歌って遊びましょう！

1番

①おおきなあなから

両手で穴の形を作る（２回）。

②ねずみがちゅうちゅう

指3本をひげのようにしてほおに置き、「ちゅうちゅう」で歯のように。

③ねずみのあとから

指３本をひげのように。

④へびさんがにょろり

両手を合わせてくねくねさせて、「にょろり」で上に。

⑤へびさんのあとから

両手をくねくね。

⑥きつねがこんこん

右手、左手の順に
指をキツネのようにする。

⑦きつねのあとから

指をキツネのようにして
動かす。

⑧ねずみがちゅうちゅう

指３本をひげのように。

2番

①ねずみの あとから〜

1番のそれぞれの
動きを繰り返す。

②おばけだ にげろ

手を下に揺らし、
「にげろ」で
ぱっと広げる。

★3・4・5歳児なら…

ほかの動きも考えて

「新幹線がヒュンヒュン」「救急車がピーポー」「ゴリラがドンドン」など、ほかの乗り物や動物なども子どもたちと考えながら遊んでみましょう。

翼くんの
あそび
POINT

エンドレスで遊ぶことができます。やめたいところで「おばけだ　にげろ」と歌うと、おしまいになります。

ピアニカ王子の
MUSIC
POINT

たっぷりと演奏しましょう。慣れてきたら二分音符をすべて四分音符にしてリズミカルにしても楽しいでしょう。

定番の歌であそぼう！ クラシック

『アイネ・クライネ・ナハトムジーク』のメロディーで

はるがきた

作曲／モーツァルト
作詞／鈴木 翼
編曲／大友 剛

春が待ち遠しくなる気持ちをみんなで歌って遊びましょう。

あそびかた

①さむい　ふゆがおわり

手をグーにして右手、左手と前に出し、
左右に振る。

②くまが　めをさますよ

グーを頭の上に右、左と乗せ、
頭を左右に振る。

③もものはなもさいて

手を花のように前に
出して左右に揺らす。

④つくしかおをだすよ

両手をグーにして右手
のひとさし指を立てる。

⑤そしてみんな

左手のひとさし指も
立てる。

⑥じゃんじゃんじゃがじゃが～　はるがきた

右手中指、左手中指、右手薬指、左手薬指…の順に
指を立て、「はるがきた」でパーに。

★3・4・5歳児なら…

どんどん速くして

最初はゆっくり始めましょう。
「もものはなも～」からはどんど
ん速く歌って盛上がりましょう。

翼くんのあそびPOINT

モモの花が咲いて、だんだんとツクシも顔を出す時期になってきます。まだ寒いけれど春がやってくる明るい気持ちで遊んでみてください。

ピアニカ王子のMUSIC POINT

モーツァルトの代表曲。左手はシンプルなので、メロディーを練習して速く弾けるようになりましょう。

作曲／ゴセック
作詞／鈴木 翼　編曲／大友 剛

『ガヴォット』（ゴセック）のメロディーで

パパパパ　パン！

おなじみの名曲が楽しい遊びに変身。
いろいろな場所をパンパンたたきましょう。

あそびかた

1番

①おなかをたたこう　パンパンパン

「パンパンパン」のときに
おなかを3回たたく。

②ほっぺをたたこう　パンパンパン

ほおを3回たたく。

③おなかをたたこう　パンパンパン

もう一度おなかを3回たたく。

④さいごにまとめて　パンパンパン

おなか、ほお、おなかの順に1回ずつたたく。

歌詞を「ひざ」「あたま」で
同様にします。

★3・4・5歳児なら…

3か所に挑戦！

「おてて」「おなか」「ほっぺ」のように
3か所たたくことに挑戦します。

翼くんの あそび POINT

どこかで聞いたことがあるメロディーにシンプルな遊びを付けました。「♪さいごにまとめて」の次がちょっと難しいので、乳児さんはテンポをゆっくり始めるといいかもしれません。

ピアニカ王子の MUSIC POINT

軽快に、そしてスタッカートぎみに弾いて楽しい雰囲気にしましょう。慣れてきたらテンポアップしたり、だんだん速くしたりしてもおもしろいでしょう。

定番の歌であそぼう！クラシック

『天国と地獄』のメロディーで

作曲／オッフェンバック
作詞／鈴木 翼　編曲／大友 剛

きょうのおかずは？

運動会で必ず流れるあの名曲が、食べ物の手あそびに大変身！

①きょうのおかずは　ぎょうざにしましょう

両手のひとさし指を出して、耳を押さえて畳む。

②いえいえいえいえ

手を顔の前で左右に振る。

③たこやきたべましょ でもやっぱり

ほおでたこやきを作る。

④たらこもいいよね

下唇を指で押さえる。

⑤デザートはももですよ

おしりを突き出して、「ももですよ」の後にパンとたたく。

★3・4・5歳児なら…

テンポを上げて

食べ物を増やしてテンポを上げてもおもしろいでしょう。ひとさし指で鼻を上げて「ブタまん」や唇をとがらせて「梅干し」など。いろいろな食べ物を見つけて遊んでくださいね！

翼くんの
あそび
POINT

テンポはゆっくりと子どもたちに合わせて遊ぶといいでしょう。「耳の形はぎょうざに似ているね」と話してから始めるといいかもしれません。保育者がやってあげて最後にぱくぱく食べるまねをしてくすぐっても遊べます。

ピアニカ王子の
MUSIC
POINT

おなじみの歌ですが、歌詞、遊びに合わせてゆったり弾いてみましょう。慣れてきたらテンポアップしてもいいですね！

定番の歌であそぼう！
クラシック

『エリーゼのために』のメロディーで

作曲／ベートーベン
作詞／鈴木 翼　編曲／大友 剛

はっぱがおちてくる

葉っぱをひらひらと手で表現して遊びましょう。友達とペアになっても楽しいです。

①はっぱがおちてくる

右手を上から下にひらひらさせる。

②そらからひらひら

左手もひらひら。

③あたまにのっかって

手をひらひらさせて頭の上に。

④そらからひらひら

左手もひらひらさせて頭の上に。

⑤かぜにふかれて

そのまま左右に揺れる。

⑥かたにもひらひら

左手をひらひらして肩に。

⑦ひざにものっかって

片足をひざの上に乗せる。

⑧はっぱと　ともだち

そのまま左右に揺れる。

★3・4・5歳児なら…

ふたり組になって

互いの頭や肩に手を乗せて遊びましょう。ひざはなかなか難しいですが、チャレンジしてみましょう！
ほかにもどんなところに葉っぱが落ちてくるかな？

翼くんのあそびPOINT

落ち葉がひらひらと舞い降りてくる中にいるのがとても好きです。頭に乗っかった落ち葉が落ちないように歩いて遊んでいました。落ち葉で遊んだ後に、この手遊びで遊んでもらえたらうれしいです。

ピアニカ王子のMUSIC POINT

先に左手の移動を覚えておくといいでしょう。年齢によってテンポを変えて遊んでみてください。

『ロンドン橋』のメロディーで

うみのたいそう

イギリス民謡
作詞／鈴木 翼　編曲／大友 剛

海の生き物になりきってレッツ体操！ ユニークな動きに子どもたちも大喜びです。

1番 カメのたいそう～おつぎはサメ

手を腰に置き、首を前後に動かす。

2番 サメのたいそう～おつぎはタコ

腕を左右交互に上げて、
頭の上でサメのヒレのようにする。

3番 タコのたいそう〜おつぎはワカメ

手足をくねくね動かす。

4番 ワカメのたいそう〜これでおしまい

深呼吸をしながら両手をゆっくり上げて下ろす。

★3・4・5歳児なら…

ほかの生き物でも！

「イルカのたいそう」で、ジャンプやくるっと回るなど、新しい動きを考えても楽しいでしょう。

翼くんのあそびPOINT

海の生き物になりきって体操しましょう。テンポを速くしたり、「♪おつぎは○○」と繰り返したりして、疲れるまで遊んでも盛り上がります。

ピアニカ王子のMUSIC POINT

両手ともにリズミックに、スタッカートぎみで弾くと楽しいでしょう。テンポを変えると盛り上がります。

定番の歌で あそぼう！ 世界の民謡

『やまのおんがくか』のメロディーで

キノコうたいだすよ

ドイツ民謡
作詞／鈴木 翼　編曲／大友 剛

秋の味覚、キノコのあそびうたです。
満月の晩に開くキノコになりきって、ぽんぽんぽんと遊んでみましょう！

①キノコ～はえてきたよ

手を頭の上でキノコの形にして足を曲げ伸ばし。

②まんげつのばんに うたいだすよ

手を体の前で1回転させる。「うたいだすよ」で逆回りに。

③かさぽんぽんぽん〜

「ぽんぽんぽん」で上下左右好きなところで手拍子。

④ひらいたよ

手を上からゆっくり開く。

翼くんの
あそび
POINT

満月の晩にかさを開く、キノコになりきってみましょう。手拍子はすばやくして、「ひらいたよ」のところをじっくりためながら開くようにしたり、初めから曲をスピードアップしたりすると、盛り上がります。子どもたちとたくさん動いて遊んでくださいね。

ピアニカ王子の
MUSIC
POINT

左手の4分音符と8分音符は、スタッカートぎみに弾いてみましょう。強弱をつけるとより楽しめますよ。

アメリカ民謡
作詞／鈴木 翼　編曲／大友 剛

『10人のインディアン』のメロディーで

オムツをかえましょ

毎日必ずしているオムツ替え。ともすればごきげん斜めになってしまうこの時間を、楽しいメロディーですっきりさっぱり乗り切りましょう！

あそびかた

オムツを替えながら、動作に合わせて歌います。子どもの顔をのぞきながら、笑顔で楽しく替えてあげると赤ちゃんもごきげんに！

翼くんのあそびPOINT

◯オムツを替えるとき、楽しい歌に合わせながら替えてあげると赤ちゃんも思わず笑顔になります。

◯「良い気持ちだね」「すっきりさっぱりしたね」といった、オムツ替えのときの大事な言葉も歌詞に加えていますので、ぜひ歌って楽しいオムツ替えタイムにしてくださいね!

ピアニカ王子のMUSIC POINT

まずはスローテンポで始めてみましょう。月齢や状況に合わせてテンポアップさせ、雰囲気の違いを楽しんでください。

『ゆりかごのうた』のメロディーで

ゆっくりおやすみよ

作詞／北原 白秋　作曲／草川 信
改詞／鈴木 翼　編曲／大友 剛

すてきな子守唄をお届けします。歌をうたったり、のんびりと休息を取ったりしながら、ゆったりとした時間を過ごしてください。

翼くんのあそびPOINT

昔から歌われている定番の子守唄に、物語のような詞を付けました。情景を思い浮かべながら、ゆったりと歌ってあげてくださいね。

ピアニカ王子のMUSIC POINT

徐々にテンポを遅くして、歌いましょう！　自分の呼吸の音も音楽の一部です。

『もりのくまさん』のメロディーで

きょうはなんのひ？

アメリカ民謡
改詞／鈴木 翼　編曲／大友 剛

おなじみの歌が、動いて遊べるあそびうたに大変身！追いかけ歌にして楽しみましょう。

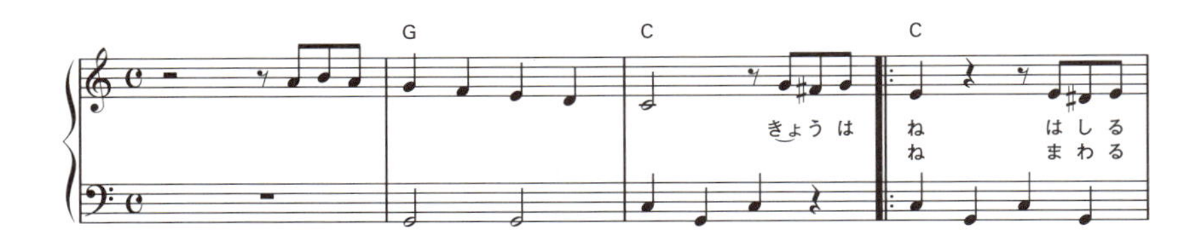

あそびかた

1番 ①きょうはね

「ね」で右を指さし、戻る。

②はしるひ

「ひ」で左を指さし、戻る。

③みんなではしろう

バンザイをして戻る(2回)。

④たかたか～

その場で走りながらぐるりと回る。

ぐるぐる～
両手を広げて
ぐるぐる回る。

★ほかにも

♪ねむるひ
ごろごろ
転がる。

♪うたうひ
ららら～
と歌う。

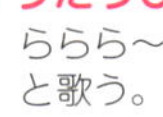

♪はねるひ
ぴょんぴょん
はねる。

ほかにも「なんのひ」を
たくさん遊ぼう！

P.70-71へ

翼くんのあそびPOINT

毎日いろいろな日があります。今日は何の日か子どもたちと考えて、いろいろな動きで遊んでください！
追いかけ歌なので　初めは大人のまねをして遊ぶと楽しいでしょう。

ピアニカ王子のMUSIC POINT

左手の音は、ベースやチューバをイメージして弾くといいでしょう。年齢に応じてテンポを変えてみてくださいね。

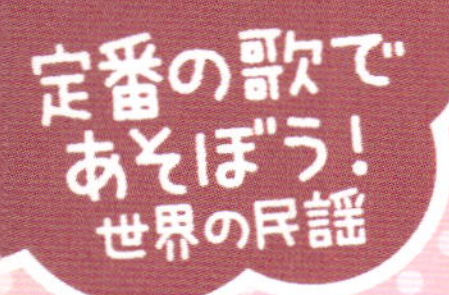

きょうはなんのひ？バリエーション

ひとつのあそびうたで、たくさん遊びを広げることができますよ！

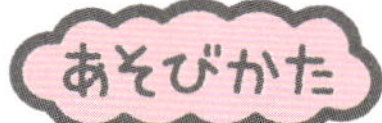

①ほめるひ

隣にいる人を
互いに褒め合います。

②さけぶひ

元気よく大声で
叫びます。

③すわるひ

三角座りをして、左右に揺れなが
鼻歌をうたいます。

④おこるひ

その場でぷんぷん
怒ったふりをします。

⑤もえるひ

ボボボと言いながら、
手で火を表現します。

⑥ゆうれいのひ

ふふふと言いながら
手を前に出して幽霊のポーズ。

⑦にんじゃのひ

しゅしゅしゅと言いながら、
手裏剣を投げるまねをします。

⑧やさしいひ

隣にいる人を気づかいます。

⑨あつまるひ

みんなで１か所に集まります。

⑩ちらばるひ

あちらこちらへ走り回ります。

⑪かくすひ

隠すふりをします。

⑫おどるひ

その場で踊ります。

⑬ぞうのひ

手をゾウの鼻に見たて、
振ります。

⑭さわるひ

隣にいる人を
ペタペタ触ります。

⑮あったかいひ

両手を胸に当てて、
温かさを表現します。

⑯さむいひ

隣にいる人と互いに温め合います。

**子どもたちと話し合いながら、
いろいろな「なんのひ」を
探してみましょう！**

定番の歌であそぼう！世界の民謡

『かえるの合唱』のメロディーで

ドイツ民謡
改詞／鈴木 翼　編曲／大友 剛

サンタさんがやってきた

おなじみの歌が、クリスマスにピッタリの手あそびになりました！
お楽しみ会でもみんなで楽しめますよ。

1番 ①すずのねたかく

手をキラキラしながら上にあげる。

②きこえてきたよ

手を交互に耳に当てる。

③しゃん　しゃん～

鈴を鳴らす動き。

④サンタの～やってきた

手をひげのようにして、
「やってきた」で手を振って歩く動き。

2番 ①サンタのおじさん

手をひげのようにする。

②プレゼントもって

袋をかついでいるように
手を肩に置く。

③はい　はい～

プレゼントを渡す感じで
手をいろいろな方向に出す。

④みんなにすてきなプレゼント
（メリークリスマス！）

手をぐるぐる回して
「プレゼント」で前に出す。

翼くんのあそびPOINT

おなじみの『かえるの合唱』を、クリスマスにピッタリの簡単な手あそびにしました。鈴を持ってシャンシャン鳴らしながら歌ってもいいかもしれませんね。0～2歳だけでなく、３歳以上の子どももいっしょに楽しめますよ。

ピアニカ王子のMUSIC POINT

左手のベース音を楽しみながら弾いてください。鈴の効果音も入れてみてください。

定番の歌であそぼう！童謡

作詞／北原 白秋　作曲／中山 晋平
改詞／鈴木 翼　編曲／大友 剛

『あめふり』のメロディーで

どのこがおいしいか？

この時期によく耳にする『あめふり』のメロディーを、楽しいあそびうたにしました。パクっと食べられるのが楽しく、何度も繰り返し遊べます。

あそびかた

①どれどれどのこが〜しないとわからない

子どもは両手を保育者のほうに出して座る。
保育者はリズムに合わせて子どもの手を順番に指で触る。

②ちょいとたべ
ちょいとたべ
ちょいちょいちょい

「ちょい」のところで子どもの
手をつまむようにして触る。

③「パクッ！」

最後に触った子どもの手を
食べるしぐさ。

翼くんの
あそび
POINT

朝やお帰りのときなど、子どもが複数人集まったときでもひとりひとりとふれあう時間をつくれたらと思い、こんなあそびを考えてみました。乳児クラスだけではなく、3･4･5歳児でも十分に楽しめるので、いろいろな年齢の子どもと遊んでみてくださいね。

ピアニカ王子の
MUSIC
POINT

年齢に合わせてテンポを変えて楽しみましょう。ピアノ伴奏の左手は、音が下がっていくアレンジです。和音感を楽しんでください。

定番の歌であそぼう！童謡

『桃太郎』のメロディーで

作詞／不詳　作曲／岡野 貞一
改詞／鈴木 翼　編曲／大友 剛

ゆきだるま

おなじみのメロディーに合わせて、雪だるまたちが動き出します。なりきって遊んでみましょう。

あそびかた

1番 ①ゆきだるま　ゆきだるま

手で雪だるまの形を作る（2回）。

②ねているあいだに

右、左に寝ているポーズ。

③うごきだす

手を前後に動かす。

④あっちでこっちで

指を左右にさす。

⑤わらってる（わっはっは！）

おなかをポンポンたたく。

2番　とびはねる（ピョーン！）

ピョンとジャンプする。

ちょこっとアレンジ

雪だるまを表現して

ほかにも、「たべている（ぱくぱく）」「とけている（どろどろ）」など、食べているまねをしたり、溶けるようすを表現したりして遊んでみましょう。

翼くんの あそび POINT

みんなが寝ている間に、雪だるまたちが遊んでいる…なんて想像したら楽しくなりますね！　子どもたちと雪だるまのお話をしながら遊んでみてください。

ピアニカ王子の MUSIC POINT

前半は軽やかに、最後の２小節はしっとり弾くとめりはりがついていいでしょう。

第三章

オリジナルあそびうた

現場ウケ実証済みのあそびうたを紹介。各地でのライブを経てさらにパワーアップした曲も盛りだくさんです！

この章では…

オリジナルあそびうた

作詞／鈴木 翼　作曲／大友 剛

あかちゃんたいそう

優しいスキンシップあそびで、ゆったりふれあって遊びましょう。

あそびかた

1番

①いちにさんし

子どもを寝かせて向かい合い、
両手を4回合わせる。

②のーびのび

子どもの胸から手の先まで
マッサージするように2回滑らせる。

③いちにさんし～あかちゃんたいそう

（①②を繰り返し）

2番 ①ワンツースリーフォー

両足を4回上下する。

②のーびのび

胸の辺りからつま先まで
マッサージするように2回滑らせる。

③ワンツースリーフォー〜
あかちゃんたいそう

（①②を繰り返し）

（1番の動きを繰り返し）

翼くんの
あそび
POINT

○目と目を合わせて、ゆっくりゆったり遊びましょう。
はじめのころは同じ動作を繰り返して遊ぶことで、安心して生活をスタートするきっかけになります。
○温もりが直接伝わる優しいマッサージ。子どもが気持ち良くてとろけるような顔になりますよ。

ピアニカ王子の
MUSIC
POINT

子どものようすを見ながら、好きなテンポで優しく歌ってあげてください。ラジオ体操をイメージするといいですよ！

オリジナルあそびうた

てのうんどう

作詞／鈴木 翼　作曲／大友 剛

手を上げたり下げたり、単純な動きで楽しめる手あそびで遊ぼう！

あそびかた

1番 ①てをあげて

まずは保育者が歌いながら
両手を上げ、子どもも同様に
追いかけて上げる。

②てをさげて

両手を下げる。

③てをあげて てをさげて

①②を繰り返す。

③あげて　さげて
あげて　さげて

上げて、下げるを繰り返す。

④あげさげ　あげさげ〜

上げて、すぐに下げるを繰り返す。

⑤わ〜　わ〜

手をきらきらさせながら上に。

⑥てのうんどう

両手を左右に揺らす。

★3・4・5歳児なら…

反対の動きで追いかけよう！

保育者の動きとは逆の動きをしながら追いかけます。ひっかからずにできるかな？

翼くんのあそびPOINT

簡単な動きですぐに楽しめる追いかけ遊びにしてみました。手だけでなく足や顔、肩などいろいろなところを上げ下げしてみてもいいですね。「今度はどこを動かしてみる？」と子どもたちに聞いてもいいかもしれません。

ピアニカ王子のMUSIC POINT

低年齢児向けに、ゆっくりなテンポにしています。まず左手の伴奏パターンに慣れておきましょう。スタッカート、またはレガートで弾くと雰囲気が変わります！

作詞／鈴木 翼　作曲／大友 剛

オリジナルあそびうた

いないいない…いた！

子どもたちが大好きな「いないいないばあ」。でもこの遊びは、子どものほうから見つけにいきます。子どものアクションがかわいい、シンプルな遊びです。

①いないいないいない…

物陰（壁など）から少しだけ顔を出す。

②いた～！

子どもが保育者に気づき、顔をのぞかせると同時に保育者も顔を出す。

2番 布をかぶって「どこだどこだ〜♪」

大きめの布などにすっぽりと入って、「どこだどこだ〜」と声をかけると、子どもから布をめくって見つけてくれます。めくった瞬間に「いた〜！」

3番 両手でお花をつくって「おいでおいで〜♪」

両手をお花のようにして、子どもの前に出し「おいでおいで〜」と声をかけると、子どもからその上に顔を乗せてくれます。乗せた瞬間に「いた〜！」

翼くんのあそびPOINT

◯保育者が「いないいない…ばあ！」と出てしまうのではなく、きっかけをつくるだけで、子どものほうから顔をのぞかせたり、語りかけたりしてくれますよ。とてもシンプルな遊びなので、0歳児クラスでも十分に遊ぶことができます。子どもからのアクションがとてもかわいいので、ぜひ遊んでみてください。

◯ちなみに、「ばあ」ではなく、見つけたときの「いた〜！」という言葉のほうがピッタリでした。

ピアニカ王子のMUSIC POINT

楽譜の音にとらわれず、自分の気持ちの良い音から始めましょう。ゆったり歌って楽しんでください。

オリジナル
あそびうた

作詞／鈴木 翼　作曲／大友 剛

かぜがとまった

春のさわやかな風を感じるこの季節。そんな風を感じながら遊んでみましょう。

あそび
かた

①あっちにこっちに～あててみよう

両手を上げて、歌に合わせて左右に揺れる。

②びゅ～びゅ～　かぜがとまった

その場でぐるぐる回る。

③ぴた！

好きなポーズを決める。

★3・4・5歳児なら…

あてっこゲームに

「♪びゅ～」で手をひらひらさせ、「ぴた！」で手のひらか手の甲のどちらかを見せます。保育者と手のひらが合えばハイタッチ。手の甲で合えば甲でタッチ。

翼くんのあそびPOINT

いっぱい動いて「ぴた！」と止まる、めりはりのある遊びが子どもたちは好きですね。いっしょの動きをするのがうれしい！　という気持ちを感じてもらえたらと思います。

ピアニカ王子のMUSIC POINT

ゆっくりめのテンポから始めましょう。「ぴた！」で、子どもにツッコまれるほど止まって遊ぶのもいいですね。

オリジナルあそびうた

作詞／鈴木 翼　作曲／大友 剛

ぐるぐる　もりもり

「はい！」でみんな同じ方向を向くだけで、元気がもりもりわいてくる！
単純だけど楽しい手あそびです。

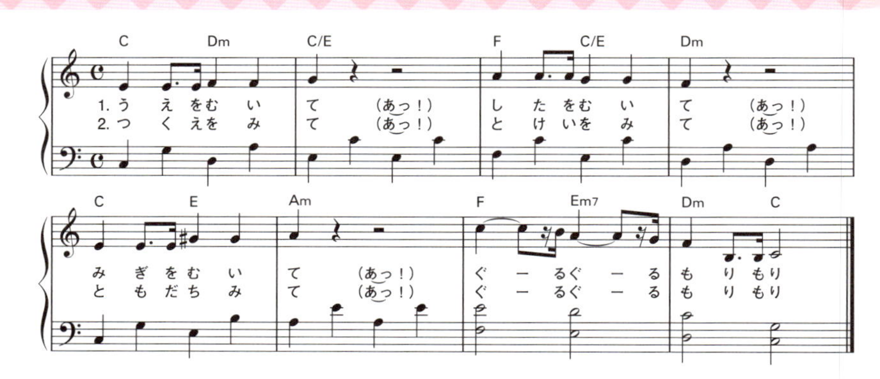

1番　**①うえをむいて**

両手のひとさし指を立てて、
リズムに合わせて左右に揺らす。

②（あっ！）

上を向きながら指をさす。

③したをむいて～
みぎをむいて　（あっ！）

同じ要領で「下」「右」
を向いて指をさす。

④ぐるぐる

両指をぐるぐる回す。

⑤もりもり

両指を曲げてもりもり！

2番 ①つくえをみて～
ともだちをみて　（あっ！）

1番と同じ要領で、「机」「時計」「友達」
のほうを向いて指をさす。

②ぐるぐる
1番と同じ。

③もりもり
ガッツポーズで
もりもり！

★３・４・５歳児なら…

いろいろなところを向く

「うえとしたみて　あっ！
あっ！」「みぎとひだりみて～」
「まえとうしろみて～」など方向
を増やして歌います。どれだけ
の方向でできるか、挑戦してみ
ましょう。

翼くんの
あそび
POINT

どこかを指さして「あっ！」と言うと、ついつい指さされたほうを見てしまいます。そんな姿を生かして、みんなで同じ方向を指さすあそびにしてみました。単純な動きでもみんなの声や動きがそろうと、楽しくって元気がもりもり！　になりますよ。

ピアニカ王子の
MUSIC
POINT

子どもの年齢や状況に合わせて、ゆったりと歌ってみましょう。ピアノ伴奏のときは、両手ともにスタッカートぎみに弾くといいでしょう。

オリジナルあそびうた

作詞／鈴木 翼　作曲／大友 剛

きたきたきた

子どもたちは動物が大好き！
どんどんやってくる動物にワクワクする手あそびです。

あそびかた

1番 ①きたきた～　うさぎがピョン

手をくるくる回して「ピョン」で指を2本立てる。

②こっちも～　うさぎがピョン

もう片方の手で同様に。

③どんどん～　うさぎがピョン

両手を回して両手で同様に。

④ピョンピョンピョンピョン　またあした

「ピョンピョン〜」で２本の指を曲げながら体のほうへ持ってきて、
「またあした」で手を振って後ろ手に組む。

2番　きつねがコン

手をキツネの形にする。

翼くんのあそびPOINT

いろいろな動物が遊びに来るカンタンな手あそびです。子どもたちと動物園や身近にいる動物を考えて遊びましょう。

ピアニカ王子のMUSIC POINT

全体的にスタッカートぎみに弾いてみましょう。１拍目と「ピョン」にアクセントを付けるとめりはりが付いて楽しいでしょう。

オリジナルあそびうた

できたよ

作詞／鈴木 翼　作曲／大友 剛

この曲では、タオルを使って遊びます。消えたと思ったら…「いた！」「あった！」という発見したときのおもしろさがポイントです。

あそびかた

1番 ①○○ちゃんがきえた～

子どもの頭にタオルを掛ける。

②あれ？　あれ？

首をかしげながら、子どもが自分でタオルをおろすまで待つ。

③でてきたよ

子どもがタオルを引っ張って顔を出した瞬間に歌う。

2番 **①つみきがきえた〜**

子どもが積み木などにタオルを掛けて隠す。

②あれ？　あれ？

首をかしげながら待つ。

③でてきたよ

タオルを取って、見つけた！

翼くんのあそびPOINT

自分でタオルを引っ張って取り、「ばあ」と顔を出して喜びます。それができるようになると、今度は自分から玩具などを隠して遊びます。簡単なやりとりの繰り返しなので、１歳児から楽しめる遊びです。

ピアニカ王子のMUSIC POINT

かわいらしく歌いましょう。「あれ？　あれ？」のところは、ちょっぴり不安げに歌うとめりはりがついていいでしょう。

オリジナル
あそびうた

作詞／鈴木 翼　作曲／大友 剛

いきなりたおれるよ

どっちに倒れるか、子どもたちはワクワク！
タイトルのとおり“いきなり倒れる”のがポイントです。

あそびかた

①いきなりたおれるよ　ありゃ〜

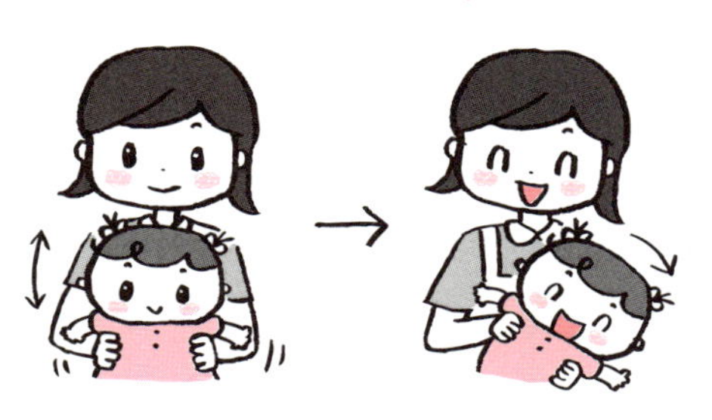

子どもをひざに乗せて軽く上下に動かし、
「ありゃ」で子どもを前後左右どこかに倒す。

②どっちそっち　どっちそっち

いろいろな方向に
子どもを傾ける。

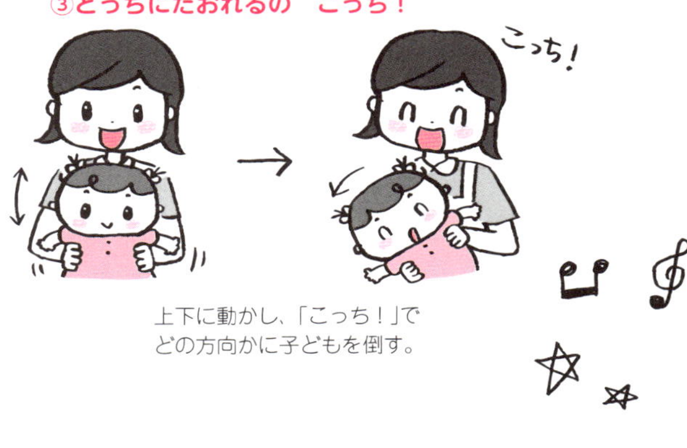

上下に動かし、「こっち！」で
どの方向かに子どもを倒す。

★3・4・5歳児なら…

みんなで倒れる

リーダーをひとり決めて、向かい合って立ちます。「ありゃ」と最後の「こっち！」のときにリーダーと同じ方向におおげさに倒れて遊ぶと盛り上がります。リーダーと逆方向に倒れることにしてもおもしろいでしょう。

翼くんの あそび POINT

前後、左右、斜め、どこに倒れてもいいのです。最後のところは保育者と子どもがいっしょに倒れてもおもしろいですね。

ピアニカ王子の MUSIC POINT

休符をしっかり感じて楽しんでください。年齢に合わせてテンポを変えてみましょう。

オリジナル
あそびうた

くものベッド

作詞／鈴木 翼　作曲／大友 剛

雲をベッドにしてお昼寝したら、どんなに気持ち良いだろう…！
そんな願いを、すてきなメロディーに乗せました。

なかなか寝つけない子をだっこしたり、手を握ってあげたりしながら優しく歌ってあげてくださいね。

翼くんのあそびPOINT

雲をベッドにして眠れたらいいのに、といつも思っていました。そんな夢を詞に込めました。王子のメロディーがまたすばらしいです。うちの子も、歌っていたらすぐに寝てしまいましたよ。

ピアニカ王子のMUSIC POINT

ワルツの子守唄です。ゆっくりゆったり、歌うように弾いてみましょう。

オリジナル あそびうた

作詞／鈴木 翼　作曲／大友 剛

夏だね！

暑い夏にぴったりの曲！
もし体がお話できたら…と子どもたちと考えて楽しんでくださいね。

あそびかた

①あつーいねと　てがいった

手を開いたり閉じたりする。

②あせかくねと　わきがいった

わきを開いたり閉じたり。

③のどがかわいた　くびがいった

上下に首を振る。

④あれあれからだが　しゃべりだす

手拍子。

⑤あついね　あせかくね　のどがかわいた　なつだね

手、わき、首の動きを続け、繰り返す。

★3・4・5歳児なら…

動作を重ねて

9小節目から、手、わき、首を動かす動作を重ねていくと盛り上がります。体の部位を変えても楽しめるでしょう！

翼くんのあそびPOINT

暑い夏は、のどは渇くし、手のひらもわきも汗をかきます。もし体が話すことができたら、こんなことを言っているんじゃないかな、と考えた歌です。ほかにも汗をかくところ、暑いと言っていそうなところを子どもたちと考えて遊んでみてください。

ピアニカ王子のMUSIC POINT

力強い左手の伴奏で、歌を盛り上げましょう！
慣れてきたら、すべて8分音符で弾くとさらに盛り上がります。

オリジナル
あそびうた

作詞／鈴木 翼　作曲／大友 剛

はっぱのはっぱ体操

運動会にもぴったりなかわいい体操です。
「ぱっぱ♪」と言いながら踊る子どもがかわいくって大好評まちがいなし！

あそびかた

1番

①はっぱ　はっぱ

右手、左手の順に前に出す。

②はっぱっぱ

手拍子(2回)。

③はっぱ
はっぱ
はっぱっぱ

①②を
繰り返し。

④かぜで　ぱっぱ

2歩前へ出て手をぱっぱ。

⑤おどるよ　ぱっぱ

2歩下がって手をぱっぱ。

⑥はっぱっぱっぱ
はっぱっぱっぱ

手を動かしながら
くるりと回って…

⑦はっぱっぱ

最後の「ぱ」でポーズ！

1番と同じ動きを繰り返す。

翼くんの
あそび
POINT

「はっぱ」という言葉をやっと言えた子どもが興奮しながらはしゃいでいたのを見て考えました。1～2歳児の子どもたちが言葉の響きを楽しみながら簡単に踊って遊べる体操です。ぜひ子どもたちと踊って遊んでください。

ピアニカ王子の
MUSIC
POINT

前半はリズミックに、後半はちょっとしっとりすると、めりはりがついて楽しくなりますよ。

オリジナルあそびうた

作詞／鈴木 翼　作曲／大友 剛

がくーん

みんなでいっしょに"がくーん"とずっこけて遊びましょう。

①へんだなっておもったら　～こえあわせ

腕を組んで左右に揺れる。

②いちにのさん　がくーん

手を左右に広げ、がくーんとずっこける。

③おもしろい　がくーん

手を左右に広げ、がくーんとずっこける。

④もういちど　がくーん

手を左右に広げ、がくーんとずっこける。

★3・4・5歳児なら…

すぐに立ち上がって

立って遊んでみましょう。「がくーん」は吉本新喜劇のようにみんなでずっこけます。すぐに起き上がって遊ぶと盛り上がります。

翼くんのあそびPOINT

2歳児たちと「がくーん」と言ってずっこける遊びをよくやっていました。それをみんなでやってみたらとてもおもしろかったのでこの歌ができました。いろいろなずっこけ方を子どもたちとぜひ探してみてください。がくーん。

ピアニカ王子のMUSIC POINT

前半はゆったり弾いて、後半の「がくーん」の休符を感じて楽しんでください！

オリジナルあそびうた

なんでそこはいわないの？

作詞／鈴木 翼　作曲／大友 剛

「ふふふふふーん」って何？
最後の最後まで「ふふふふふーん」が楽しい手あそびです。

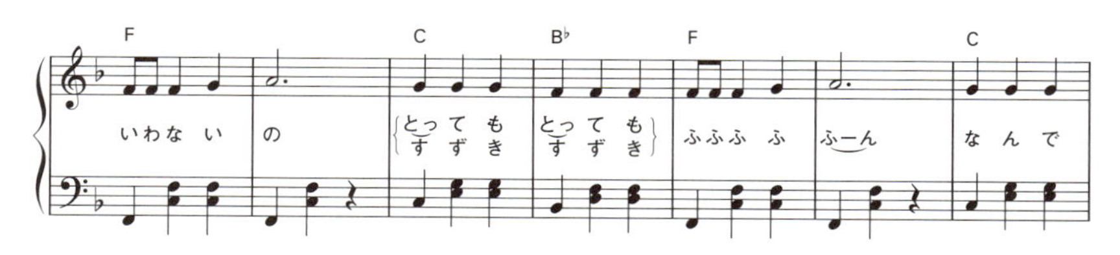

あそびかた

1番

①わたしのおなかは

おなかをさする。

②ふふふふふーん

さすりながら
左右に揺れる。

③なんでそこはいわないの

手のひらを上に向け
両手を前に出す。

③とってもとっても

おなかをさすりながら
左右に揺れる。

④ふふふふふーん

おなかをさすりながら
首も左右に振る。

⑤なんでそこはいわないの

手のひらを上に向け
両手を前に出す。

⑥ふふふふーん
ふふふーん　ひみつ

ひとさし指を左右に振る。

2番

「ぼくのなまえは」で
自分を指さし、
1番と同じように
遊びます。最後は
元気よく自分の名前を
言いましょう！

★3・4・5歳児なら…

歌詞を変えて

「♪きのうもらった　ふふふふふーん」「♪おかあさんきのうね　ふふふふーん」など、同様に大事な部分を歌わないようにして遊んでみましょう。子どもたちから出てくる言葉も大切にして遊びにつなげてみてください。

翼くんのあそびPOINT

「なんでそこは言わないの？」「そこ大事でしょ？」とツッコミを入れながらうたう歌があってもいいかな、と思って作りました。大事なところを最後まで言わない、でも言いたくなってしまうときは元気よく言ってしまいましょう。

ピアニカ王子のMUSIC POINT

全体的にスタッカートぎみに弾き、軽快なワルツを楽しんでください！

オリジナル
あそびうた

ももですよ

作詞／鈴木 翼　作曲／大友 剛

**おしりをモモに見たてて、フリフリかわいく踊ります。
小さい子どもにも歌いやすい歌詞で楽しめます。**

あそびかた

1番

①おはなをぴっ　おしたらね

「ぴっ」で鼻を指でタッチする。

②おしりがももになっちゃった

おしりをポンポンたたく。

③もも　もも～ももですよ　ハイ！ ハイ！

おしりをフリフリ。

頭を指でタッチして、
同様に繰り返す。

おしりに絵を付けて

発表会のときなどには、おしりにモモの絵を付けてフリフリ振りながら踊ったらかわいいですね！

小さい子どもたちがうたいやすい言葉で作った歌は、意外と少ないように思ったので、１歳児でも言いやすい言葉で歌詞を書きました。この歌が流れるとおしりを振りだす子が続出しています。

前半の４小節はゆったり、どっしりと弾いて、後半は軽やかに弾いて盛り上げましょう。

オリジナルあそびうた

作詞／鈴木 翼　作曲／大友 剛

かってにうごいちゃう

保育者が子どもの手を取って、いろいろな動きに挑戦！

あそびかた

①からだがかってにうごいちゃう

子どもと向き合って座り、
子どもの手をとって自由に動かす。

②あら？（あら？）

とった手を顔や頭に置き、
子どもが後に続いて歌う。

③おや？（おや？）

同様に手をどこかに置く。

④おろ？（おろ？）

手を顔の前に置く。

⑤いないいないばあ

いないいないばあをする。

★３・４・５歳児なら…

ポーズをまねして

保育者が子どもの手を動かしていろいろなポーズをし、ほかの子どもたちはそのまねをします。「今日は○○ちゃんのまねっこです」と毎日ひとりずつ遊ぶのもいいでしょう。

翼くんのあそびPOINT

変なポーズや動きで、子どもといっしょに笑い合って遊びましょう。子育て支援の現場でもいいと思います。リーダーの子の動きをまねしてもおもしろいかもしれませんね。

ピアニカ王子のMUSIC POINT

ゆったりと弾きましょう。特に左手はどっしりと弾き、走らないようにしましょう。

オリジナル
あそびうた

ナデリンコ

作詞／鈴木 翼　作曲／大友 剛

外国語のような不思議な歌詞のふれあいあそび。
ゆったりふれあって遊びましょう。

あそびかた

①ナデリンコ　ナデリーナ

子どもの体を優しくなでる。

②ナデナデ　ナデリノフー

「フー」で息をフーッと吹きかける。

歌詞を変えて

「ナデリアーノ　ナデリエンヌ　ナデナデナデチョノフー」など、歌詞を変えて遊んでみましょう。

翼くんのあそびPOINT

ちょっぴりシュールなふれあいあそび。ロシアの風を感じながらふれあって遊んでください。歌詞を「♪ナデリアーノ」に変えてイタリアふうにするなど、アレンジしてもおもしろいですね！

ピアニカ王子のMUSIC POINT

ゆったりたっぷり歌いましょう。最後はややリタルダント（だんだんゆっくり）にするといいでしょう。

オリジナルあそびうた

おじゃまします

作詞／鈴木 翼　作曲／大友 剛

保育者の親指が「お客さん」になって、子どものわきをくすぐります。

①おじゃまします

子どものわきに手を入れる。

②ありがとう～おかしをたべて

親指を動かしてくすぐる。

③おじゃましました

手をすっと抜く。

★3・4・5歳児なら…

抜ける？ 捕まる？

わきから手を抜くときに、くすぐられている子はわきを閉じて手を捕まえようとし、手を入れていた子は、捕まらないように逃げて、勝負します。

翼くんのあそびPOINT

わきの下におじゃまする（手を入れる）と、くすぐったいですね。親指のお客さんが、首やおなかなどいろいろなところに遊びに行くのもいいかもしれません。

ピアニカ王子のMUSIC POINT

左手の和音は重くならないように軽やかに弾いてあげましょう。年齢によってテンポを変えてみましょう。

オリジナル
あそびうた

作詞／鈴木 翼　作曲／大友 剛

しゃぼんだま

子どもたちが大好きなしゃぼんだま。
ひとりひとりの手の上におりていく、優しいふれあい遊びです。

①しゃぼんだまふわふわとんで

手をしゃぼんだまのようにふわふわ動かす。

②だれかさんのおててでわれちゃった

ふわふわさせながら、
「た」で子どもの手の上に乗せる。

③ぱちん！

手をパッと広げて子どもの手を持って
パチンとたたき割れた感じに。

子どもの名前を入れて

「だれかさん」のところに「○○ちゃん」と子どもの名前を入れてもいいですね。ひとりひとりとふれあって遊びましょう。

翼くんの
あそび
POINT

だれのところにおりてくるかわからないしゃぼんだま。最後の「ぱちん」は何度かやっていると、子どもが「ぱちん」と自分で言ってくれるようになります。この遊びを通じてひとりひとりとじっくりとかかわれたらうれしいですね。

ピアニカ王子の
MUSIC
POINT

しゃぼんだまがゆっくり飛んでいくような雰囲気で、ゆったり弾きましょう。最後の「ぱちん」を連続して楽しんでもいいですね。

オリジナル
あそびうた

作詞／鈴木 翼　作曲／大友 剛

おばけじゃなかった

**おばけかな？ 怖いな。でも見てみたい…！
そんな子どもたちの気持ちの歌あそびです。**

①くらいくらい

保育者は右手、左手と順に顔を隠す。

②もりのなか

両手を左右に揺らす。

③おばけがやってくる

右手、左手と順におばけのように手を出し、揺らす。

④ドロ　ドロ　ドロ　ドロ

手で顔を隠し、少し前に出る。

⑤ばあ！　あれ？

「ばあ」で手を広げ、「あれ？」で首をかしげる。

⑥おばけじゃなかった チャンカチャンカ〜

踊るように両手を上下に動かす。

⑦(せんせいでした)　ホッ

両手を広げてポーズを取る。

★3・4・5歳児なら…

立ち上がって踊る

「♪おばけじゃなかった〜」のところで立ち上がって踊りましょう。オオカミやモンスターなど、出てきたら怖いものを考えるのも楽しいかもしれません。

翼くんのあそびPOINT

おばけは怖いけれど、ちょっと気になる。でも、本当におばけが出てくるとちょっと怖い。という子どもたちの気持ちを手あそびにしてみました。「おばけじゃなかった」ときは思いっ切り弾けて踊りましょう。

ピアニカ王子のMUSIC POINT

前半は、ゆっくりと怪しい雰囲気で弾いてみましょう。後半は、陽気にスタッカートぎみに弾きましょう。

オリジナルあそびうた

どっちにいこうかまよっちゃう

作詞／鈴木 翼　作曲／大友 剛

**手のひらの筋を、迷路みたいにあっちやこっちへたどって遊びます。
ちょっぴりくすぐったくて楽しい！**

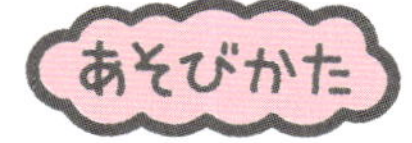

①こっちにいったら～おかしやさん

子どもの手のひらの筋をなぞって
あっちに行ったりこっちに行ったり。

②どっちにいこうかまよってしまって

スピードアップ。

③ぐるぐるめがまわる

ぐるぐる回してくすぐる。

指を増やして

2本指、3本指、と増やしていってもおもしろいですよ。

翼くんのあそびPOINT

手のひらの筋をなぞって遊ぶふれあい遊びです。ほかにどこに行きたいか子どもたちに聞いて遊ぶのもいいでしょう。子ども同士2人組で遊んでもおもしろいですね。

ピアニカ王子のMUSIC POINT

ピアノ伴奏の左手は平行移動なのですぐに慣れます。全体的にスタッカートぎみに弾くと軽快な雰囲気になって楽しいですよ。

オリジナルあそびうた

作詞／鈴木 翼　作曲／大友 剛

こりゃおひなさま

みんなでおひなさまになったり、
おだいりさまになったりして楽しみましょう。

あそびかた

1番

①くっついた　くっついた

左手を頭の上に、右手を口元に置く。

②なんだこりゃ なんだこりゃ　こりゃ

体を左右に揺らす。

③おひなさま

右手を離す。

2番

①くっついた
くっついた

左手を下ろして前に出し、
右手で左手首をつかむ。

②なんだこりゃ
なんだこりゃ　こりゃ

体と手を左右に揺らす。

③おだいりさま

動きを止めて、
おだいりさまのように。

★3・4・5歳児なら…

三人官女や五人囃子(ばやし)も

「おひなさま」の部分を「三人官女」や「五人囃子」に変えて、3人組や5人組になって肩を組んだりくっついたりして遊びましょう。

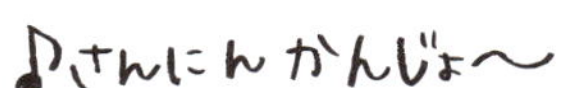

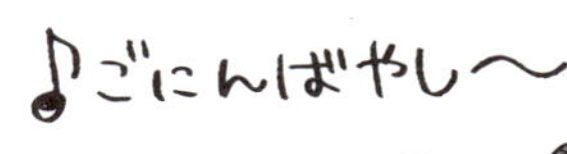

翼くんの
あそび
POINT

園に飾ってあるひな人形などを見て、どういう手の形にしたら、だれになれるかを子どもたちと考えながら遊んでも楽しいと思います。

ピアニカ王子の
MUSIC
POINT

全体的にスタッカートぎみに弾くと楽しい雰囲気が出ます。慣れてきたらテンポアップしてみましょう。

オリジナル
あそびうた

作詞／鈴木 翼　作曲／大友 剛

はずかしがりや

恥ずかしがりやの動物たちがちょこっとだけ登場します。
すばやい動きを楽しんでみましょう。

あそびかた

1番

①はずかしがりやの～かおだすよ

片手をグーにして左右に振る。

②「ねずみさ～ん」

手に向かって呼びかける。

③はい！

親指、ひとさし指、中指などを
サッと立てて戻す。

④たくさんでてきて　びっくり

首を左右に振る。

2番 「♪うさぎさ～ん」で
ひとさし指･中指、中指･薬指など
指を2本サッと立てて戻す。

ちょこっとアレンジ

「はい！」のところで連続して「はい！ はい！ はい！」とすばやく出してみても盛り上がります。

翼くんのあそびPOINT

「ねずみさ～ん」のところは、恥ずかしがりやのキツネさんやミミズさんでも、いろいろとアレンジしても遊べます。子どもたちと、周りにいる人の中でだれが恥ずかしがりやか考えてみるのも楽しいですね。

ピアニカ王子のMUSIC POINT

軽快に弾き、特に小節の頭にアクセントを付けてみるといいでしょう。

オリジナル
あそびうた

作詞／鈴木 翼　作曲／大友 剛

どこでしょう？

体のいろいろな場所に触れながら遊ぶ手あそびです。
ゆっくり確かめながら遊びましょう。

あそびかた

①あたま

両手で頭をタッチ。

②ほっぺ～おなか

それぞれの場所を両手でタッチ。

③あなたの○○○はどこでしょう

「○○○」に体の部位を入れて
歌いながら左右に揺れる。

④ここ！

言われた部位を指さす。

翼くんのあそびPOINT

いろいろな場所を触りながら、体の名前を覚えていくあそびうたです。子どもたちといっしょに、ゆっくり指さしながら遊んでみてください。「ここ！」のところは元気良くやってみましょう。

ピアニカ王子のMUSIC POINT

ゆっくり優しい雰囲気で弾きましょう。左手が重くならないように気をつけます。

オリジナルあそびうた おしてみて

作詞／鈴木 翼　作曲／大友 剛

子どもに指で体を押してもらうと音が…！
最後は音が出ない？　ふれあい遊びです。

あそびかた

①おしてみて　おとがなる

子どもに肩などを押してもらう。

②ぐー　ぽん！

ぐーっと押してもらったら、
保育者が「ぽん！」と言う。

③おしてみて　おとがなる

ほおを押してもらう。

④ぐー　ぴー！

「ぴー！」と言う。

⑤おしてみて　おとがなる

おでこを押してもらう。

⑥ぐー　ありゃ　おとがしない

「ありゃ」で首をかしげて、
「おとがしない」で2回手拍子。

★3・4・5歳児なら…

指を押して

手指を押して手のひら、親指などで出す音を決め、子どもに押してもらい音を出します。

翼くんの あそび POINT

娘とふれあって遊びながら作りました。ほかにも「パン」「どん」などいろいろな音を考えて遊ぶと盛り上がります。音がしないときの「ありゃ」ははでにずっこけてみてください。

ピアニカ王子の MUSIC POINT

四分音符はスタッカートぎみに弾いて、リズミカルにしましょう。音が出るところと「ありゃ」を楽しんでください！

〈著 者〉

鈴木 翼（すずき　つばさ）

私立保育園、子育て支援センターに8年勤務後、2009年あそび歌作家へ。
保育者向け講習会のほか、保育雑誌への執筆、親子コンサートや保育園や幼稚園、子育て支援センターなどであそび歌ライブを行なっている。
NHK BS プレミアム「みんな DEどーもくん」に出演。
2013年4月からNHK BS プレミアム「おとうさんといっしょ」の遊びや歌の提供、BSフジ「モジーズ&YOU」レギュラー出演など活動も広がっている。

大友 剛（おおとも　たけし）

自由の森学園卒業後、アメリカ・ネバダ州立大学で音楽と教育を学ぶ。帰国後、フリースクールのスタッフとして不登校、引きこもりの若者と触れ合うかたわら、音楽事務所で作編曲、演奏、CM制作を手掛ける。現在「音楽とマジックと絵本」という異色の組み合わせで国内外で活動。
2010年春、NHK「みんなのうた」ピアノで参加。2011年春、NHK Eテレ「すくすく子育て」にマジシャンとして準レギュラー出演。

〈STAFF〉

- **本文イラスト**／なかのまいこ・町田里美・円山恵
- **本文デザイン・編集協力**／(株)どりむ社
- **楽譜浄書**／(株)クラフトーン
- **企画・編集**／安部鷹彦・安藤憲志
- **校正**／堀田浩之

※本書は、月刊『保育とカリキュラム』2012年4月号～2014年3月号までの連載『0・1・2歳児Yes!　手あそび・歌あそび』をベースに編集し、単行本化したものです。

ハッピー保育books㉓

鈴木翼&大友剛の 0・1・2歳児 ちょこっと手あそび大集合！

2015年5月　初版発行

著　者　鈴木 翼　大友 剛
発行人　岡本 功
発行所　ひかりのくに株式会社

〒543-0001　大阪市天王寺区上本町3-2-14　郵便振替 00920-2-118855　TEL.06-6768-1155
〒175-0082　東京都板橋区高島平6-1-1　郵便振替 00150-0-30666　TEL.03-3979-3112
ホームページアドレス　http://www.hikarinokuni.co.jp

製版所　近土写真製版株式会社
印刷所　熨斗秀興堂

JASRAC　出1503742-501

Printed in Japan
ISBN978-4-564-60871-1
NDC376　128P　19×13cm